Freddy Ogugua Esenwa(Jnr)

Melhorar a qualidade da prestação de serviços no domínio das obras e do planeamento físico

Freddy Ogugua Esenwa(Jnr)

Melhorar a qualidade da prestação de serviços no domínio das obras e do planeamento físico

ScienciaScripts

Imprint

Any brand names and product names mentioned in this book are subject to trademark, brand or patent protection and are trademarks or registered trademarks of their respective holders. The use of brand names, product names, common names, trade names, product descriptions etc. even without a particular marking in this work is in no way to be construed to mean that such names may be regarded as unrestricted in respect of trademark and brand protection legislation and could thus be used by anyone.

Cover image: www.ingimage.com

This book is a translation from the original published under ISBN 978-620-2-06074-5.

Publisher:
Sciencia Scripts
is a trademark of
Dodo Books Indian Ocean Ltd. and OmniScriptum S.R.L publishing group

120 High Road, East Finchley, London, N2 9ED, United Kingdom
Str. Armeneasca 28/1, office 1, Chisinau MD-2012, Republic of Moldova, Europe
Printed at: see last page
ISBN: 978-620-7-87513-9

1.0 **PREÂMBULO**

É um grande privilégio e uma honra ser convidado para o retiro deste ano com o **tema**: *Fostering Community-Wide Quality Assurance Culture in Lagos State University for Efficient Service Delivery and Academic Excellence"* e também apresentar uma comunicação sobre *IMPROVING QUALITY OF SERVICE DELIVERY IN WORKS AND PHYSICAL PLANNING*.

É muito gratificante constatar que, embora o momento do discurso sobre esta importante questão possa parecer tardio, "mais vale tarde do que nunca", uma vez que considero pertinentes tanto o tema como o assunto que tenho em mãos.

2.0 **INTRODUÇÃO**

2.1 **Objectivos**

É importante que passemos rapidamente em revista os objectivos deste retiro:

i. Criar consenso entre todas as partes interessadas na Universidade Estatal de Lagos sobre os padrões de qualidade para o ensino, a investigação, o envolvimento da comunidade e a prestação de serviços.

ii. ***Desenvolver um plano de ação que seja propriedade de todas as partes interessadas da Universidade para promover uma cultura de qualidade na prestação de serviços académicos, administrativos e técnicos.***

iii. Iniciar o processo de elaboração de um Manual de Garantia da Qualidade para a Universidade.

iv. ***Iniciar um plano para elevar a classificação global da Universidade Estatal de Lagos.***

2.2 **O salário de um mau planeamento**

Até há pouco tempo, as instituições de ensino superior na Nigéria não se apercebiam da importância dos documentos Resumo Académico e Plano Diretor na orientação das futuras actividades de desenvolvimento nos seus campus. Muitas instituições continuam a considerar estes documentos como objectos de prestígio ou como peças de exposição de prateleira cujas disposições podem ser ignoradas sem qualquer consequência significativa. Infelizmente, a experiência tem demonstrado que, ao adotar uma atitude apática em relação às disposições destes dois documentos vitais de planeamento, o padrão de desenvolvimento de algumas universidades produziu um ambiente físico descoordenado e inestético, bem como um crescimento não planeado com um número elevado de inscrições completamente desfasado da sua capacidade de recursos humanos e materiais. ***Algumas das consequências da falta de planeamento ou do planeamento deficiente nas universidades nigerianas incluem infra-estruturas inadequadas, desenvolvimento físico desordenado, ambiente inestético, salas de aula sobrelotadas, residências e gabinetes, projectos abandonados, número e qualidade inadequados de pessoal académico, programas de má qualidade, bibliotecas inadequadas e instalações recreativas deficientes.*** Assim, o planeamento e a gestão deficientes que prevalecem contribuíram para as inúmeras crises do sistema universitário nas últimas décadas.

Reconhecendo estes problemas, o Governo Federal promulgou **o Decreto 9 de 1993** (atualmente Lei 9 de 1993), não só legalizando a criação de universidades privadas na Nigéria, mas também prevendo que a produção de um ***Resumo Académico e*** de documentos do ***Plano Diretor*** fizesse parte das condições para a concessão de licenças a todas as universidades na Nigéria.

2.2 Quadro concetual do planeamento

2.2.1 Definições

Peter Hall (1992) definiu o planeamento como uma *"atividade geral na elaboração de uma sequência ordenada de acções que conduzirão à realização de um objetivo ou objectivos declarados".* Por conseguinte, é necessário distinguir entre planeamento no sentido *genérico* e no sentido especializado. O planeamento no sentido genérico é *"uma atividade realizada por todos os indivíduos".* O planeamento como atividade especializada é *"uma atividade realizada em nome do público em geral*

O planeamento não é um conjunto de técnicas complexas, uma panaceia ou um fim em si mesmo. *É a tomada de decisões, sempre que possível, numa sequência estruturada e com base em todas as informações disponíveis e dados relevantes.* É o exercício contínuo e coletivo da previsão no processo integrado de tomada de decisões informadas que afectam o futuro. **Significa a antecipação de uma situação futura desejada sob a forma de uma visão cuja realização orienta, motiva e dirige as acções presentes.**

De acordo com **Falade (1988)**, o planeamento é melhor definido em relação aos seus diferentes atributos como

-I- *Um processo de tomada de decisões de forma participativa;*

-I- *Uma atividade humana realizada em nome do público em geral;*

-I- *Uma atividade orientada para a ação, que olha para o futuro e*

-I- *Uma atividade de acompanhamento da execução do plano adotado.*

A definição de Falade sublinhava o acompanhamento do processo de execução, reconhecendo o facto de que um plano não executado não tem valor.

2.2.2 **Princípios básicos do planeamento institucional**

Os três princípios básicos do planeamento institucional são

a) A abordagem ao planeamento e os mecanismos de planeamento devem ser flexíveis e sujeitos a uma revisão regular;

b) Todos os membros da instituição devem participar em algum aspeto do planeamento, em parte por razões políticas internas, em parte para seu próprio benefício, mas principalmente para melhorar a qualidade e a eficácia do processo de planeamento e

c) A atividade de planeamento deve ser integrada tanto em termos de especialidades como de níveis. Os factores académicos, financeiros, sociais e físicos devem estar inter-relacionados em todos os pontos do processo de planeamento.

A partir da análise precedente, o planeamento é, em termos operacionais, um processo consciente de organização das actividades humanas dentro dos limites de um quadro concetual internamente consistente que toma pleno conhecimento dos constrangimentos económicos e não económicos para a realização de um objetivo prescrito. ***O desenvolvimento da Universidade é uma atividade multidimensional e multifuncional que começa com programas académicos planeados, recursos humanos e materiais e estruturas variadas destinadas a proporcionar um ambiente propício à sua missão, visão, metas e objectivos.***

3.0 **TIPOS DE PLANEAMENTO**

3.1 **Um resumo ou plano académico**

Um Resumo Académico é um documento vital que fornece informações sobre as actividades educativas fundamentais presentes e futuras de uma universidade. O Resumo Académico é um documento de referência que estipula os programas a criar, o número de estudantes a admitir em cada programa, o número de pessoal académico e não académico a contratar, as infra-estruturas a disponibilizar e os rácios aceitáveis de pessoal/estudante a manter. O documento Resumo Académico é também um verdadeiro instrumento nas mãos da Comissão Nacional de Universidades (NUC) para controlar e avaliar o cumprimento das disposições dos planos de desenvolvimento académico aprovados de uma universidade.

3.2 **Plano evolutivo**

No contexto nigeriano, o Plano de Actividades é um plano de desenvolvimento a médio prazo, de 3 a 5 anos, que visa a mobilização e canalização de recursos para abordar áreas problemáticas críticas, incluindo a provisão de infra-estruturas e equipamentos sociais. É um processo pelo qual o Governo olha para o futuro e traça uma visão de onde a nação deve estar, de acordo com as expectativas da sociedade. A visão constitui a base para as metas e os objectivos, enquanto os programas e as políticas se baseiam nas estratégias traçadas pelos planeadores e políticos do sistema. Um plano evolutivo implica fazer um balanço dos recursos disponíveis e projectá-los para o futuro. Na preparação de um plano evolutivo, as implicações dos programas em termos de recursos são tidas em consideração lado a lado com as projecções de recursos, com vista a identificar possíveis lacunas e a tomar medidas adequadas para as colmatar.

Um plano evolutivo pode derivar de um plano a longo prazo, ou seja, o

plano de desenvolvimento, e constituir ele próprio a base de um plano a curto prazo. Um plano a curto prazo é geralmente para um período de cerca de um ano, que é o mesmo que o orçamento anual. O plano a médio prazo é geralmente para um período de três a cinco anos, enquanto o plano a longo prazo, que é o Plano de Desenvolvimento, é para um período de cerca de dez a vinte anos. O plano a longo prazo é muitas vezes elaborado através de uma série de planos a médio prazo, enquanto o plano a curto prazo se baseia geralmente no plano a médio prazo.

Um plano evolutivo a médio e longo prazo é, por conseguinte, a única estratégia significativa que pode promover o ambiente político adequado que permitirá às Universidades aproveitar eficazmente os seus recursos para um desenvolvimento orientado. A sobrevivência de qualquer universidade dependerá da sua capacidade de estabelecer objectivos claramente definidos e de traçar uma estratégia para a consecução dos mesmos objectivos.

3.3 Planeamento e gestão estratégica

O planeamento estratégico foi definido como um processo criativo disciplinado para determinar como levar uma organização do ponto em que se encontra atualmente para o ponto em que gostaria de estar no futuro (Keller, 1993). É o processo de definição de metas ou objectivos institucionais com base nos pontos fortes e fracos identificados, de modo a tirar o máximo partido das oportunidades e ameaças do ambiente. Implica também a consideração de alternativas estratégicas e a escolha entre elas da estratégia mais adequada para atingir as metas e os objectivos estabelecidos, para além de uma avaliação periódica para garantir que a estratégia escolhida atingirá os objectivos e, caso contrário, alterar a estratégia ou rever os objectivos. Trata-se de um planeamento de todo o sistema para toda a organização e abrange um período de 3 a 5 anos.

O planeamento estratégico é mais útil se apoiar o pensamento estratégico e conduzir à gestão estratégica; a base de uma organização eficaz. O pensamento estratégico implica uma visão do presente e uma previsão do futuro; ter o "fim" em vista enquanto se manobra para a realização de um objetivo ou conjunto de objectivos para o cumprimento final do objetivo ou missão institucional. A gestão estratégica é, por conseguinte, a aplicação do pensamento estratégico à tarefa de dirigir uma organização. É um processo através do qual os gestores estabelecem a direção a longo prazo de uma organização, definem objectivos de desempenho específicos, desenvolvem estratégias para atingir esses objectivos à luz de todas as circunstâncias internas e externas relevantes e se comprometem a executar os planos de ação escolhidos. Trata-se basicamente da formulação, implementação e avaliação de acções com o objetivo de permitir que uma organização continue a atingir os seus objectivos num futuro previsível.

Uma instituição tem a ganhar com a aplicação do planeamento e gestão estratégicos nas suas operações das seguintes formas -i- É benéfico como ferramenta para a reforma da gestão, através da qual a organização revê as suas prioridades e reestrutura as suas actividades e programas para uma maior eficiência e eficácia na busca do cumprimento da sua missão. Por exemplo, uma universidade pode decidir consolidar os programas nas suas áreas de força e renunciar a programas improdutivos e não rentáveis, limitando ao mesmo tempo as suas admissões à sua **capacidade de carga**, tal como ditado pelas suas instalações e força de pessoal;

-i- A natureza participativa do planeamento e da gestão estratégicos torna-os uma atividade construtiva e consensual que resulta na definição de orientações e suscita um sentimento de pertença e de propriedade do plano; uma verdadeira força motivadora para o aumento da produtividade e uma receita para a paz e a harmonia no campus;

-O planeamento e a gestão estratégicos podem permitir à Universidade remodelar a sua cultura institucional no sentido de obter um maior controlo sobre as suas finanças através de uma maior consciência dos custos, de uma iniciativa deliberada e da exploração de formas de gerar mais receitas para as suas operações;

-O planeamento estratégico pode aumentar a consciência de uma universidade para a relevância dos seus programas para as necessidades da sociedade, acentuando assim um serviço comunitário mais vigoroso e uma relação universidade-indústria.

A gestão estratégica permite que uma organização seja proactiva e não reactiva na definição do seu próprio futuro. Pode permitir que a Universidade inicie e influencie (em vez de apenas responder) o seu ambiente, exercendo assim controlo sobre o seu destino. Este é um benefício que deve certamente recomendar a ferramenta de gestão estratégica a qualquer universidade que deseje ter sucesso.

3.4 Plano orçamental anual

O plano orçamental anual é um plano financeiro a curto prazo para financiar os objectivos de uma instituição durante o período de cerca de um ano. Trata-se de um projeto económico de propostas orçamentais destinadas a mobilizar recursos para a manutenção das actividades e o desenvolvimento institucional. Normalmente, um orçamento anual deve fornecer informações sobre as despesas planeadas para o ano. O orçamento de capital especifica os fundos necessários para os projectos físicos que a instituição pretende executar durante o exercício orçamental, indicando normalmente as fontes de rendimento previstas para financiar os projectos.

O perfil das despesas recorrentes de um orçamento anual apresenta informações pormenorizadas sobre as necessidades de recursos da instituição para financiar os salários da sua força de trabalho e para fornecer os materiais de trabalho exigidos por esse pessoal para conduzir as actividades da Universidade no sentido da realização da sua missão.

Um orçamento anual é normalmente financiado através de subvenções do proprietário, fundos gerados internamente, capital próprio ou através de financiamento por dívida.

4.0 **ESTRATÉGIAS PARA A IMPLEMENTAÇÃO DO PROGRAMA ACADÉMICO E DAS POLÍTICAS RELATIVAS À CRIAÇÃO DE PROGRAMAS ACADÉMICOS**

4.1 **As políticas e o seu suporte jurídico**

A Comissão Nacional de Universidades (National Universities Commission - NUC) está investida do mandato de garantir a qualidade do ensino universitário na Nigéria, sem prejuízo da propriedade das universidades. O Decreto n.º 16 de 1985 (atualmente Lei 16 de 1985) conferiu à Comissão a responsabilidade de estabelecer normas académicas mínimas e de acreditar todos os programas académicos das universidades nigerianas. Para o efeito, a Comissão, com a ajuda dos académicos das universidades, elaborou em 1989 os requisitos académicos mínimos para todas as disciplinas ensinadas nas universidades na altura. Estes currículos mínimos, que estão atualmente a ser revistos, foram utilizados para realizar a acreditação em 1990/91, 1995/96, 1999/2000 e 2002. Além disso, a acreditação foi efectuada em 2005, 2006, 2007 e 2008. Numa base anual, a acreditação dos programas que atingiram a maturidade é efectuada no momento devido.

As universidades, por outro lado, têm o mandato de os seus senados regulamentarem os seus programas académicos institucionais sob a supervisão e gestão geral dos seus directores e conselhos de administração.

As disposições da Lei n.º 1 de 1974, com as alterações subsequentes, conferem ao NUC o mandato de aprovar ou reprovar programas e unidades académicas nas universidades da Nigéria, independentemente da propriedade. Assim, os Estados podem exercer os seus poderes para criar uma universidade por decreto, o Governo Federal pode criar uma universidade ou conceder certificados de registo a uma organização para se estabelecer como universidade privada, os senados das universidades públicas e privadas existentes podem aprovar planos institucionais internos para criar novos programas académicos e, no entanto, por lei, todos estes exigem a aprovação expressa por escrito do NUC para criar novos programas ou unidades académicas. O processo existente para o estabelecimento de novos programas e unidades académicas é discutido a seguir.

4.2 **Nível departamental**

Na maioria das vezes, as ideias para novos programas ou unidades académicas são geradas a este nível. Isto pode ser o resultado de um aumento do financiamento ou da pressão de partes interessadas internas ou externas.

4.3 **Faculdade/Nível do corpo docente**

O programa académico proposto pelo departamento é discutido no Conselho do Colégio/Faculdade. O objetivo principal é analisar os méritos e deméritos do programa. Isto é ponderado tendo em conta a sua viabilidade geral, as implicações em termos de custos, o pessoal e as instalações no terreno.

4.4 **Senado**

A este nível, o programa proposto é ainda analisado por académicos seniores no Senado para aprovação. A aprovação do Senado é muito importante para o estabelecimento de qualquer programa académico. Uma vez aprovado o programa pelo Senado, o Presidente do Senado (ou seja, o Vice-Chanceler) deve escrever à Comissão Nacional de Universidades (NUC) solicitando a aprovação para montar o programa. Espera-se que, nesta fase, a Universidade tenha tomado as medidas adequadas para o arranque do novo programa.

4.5 **Comissão Nacional das Universidades Nível**

Após a receção do pedido da Universidade para a criação de um novo programa ou unidade académica, a Comissão, através do antigo Departamento de Planeamento Académico e Investigação, atualmente Departamento de Normas Académicas (que alberga os antigos Departamentos de Planeamento Académico e de Planeamento e Desenvolvimento Físico), envia formulários de candidatura à Universidade para que esta os preencha e devolva, a fim de fornecer as informações de que a Comissão necessita para processar o pedido. A Universidade deverá preencher e devolver o formulário à Comissão para apreciação. Ao avaliar o pedido de criação de um programa académico, a Comissão tem em consideração os seguintes requisitos básicos:

(a) **Sinopses do conteúdo do curso**

Espera-se que a universidade envie uma sinopse do conteúdo do curso à Comissão para avaliação. O documento de normas académicas mínimas do NUC (MAS ou BMAS) relevante para o programa proposto é utilizado para avaliar o programa em termos dos cursos principais e electivos previstos. As unidades de crédito atribuídas a cada curso e o total de unidades de crédito que um estudante deve obter para se formar, tal como proposto pela Universidade, são também avaliadas em função das disposições do BMAS;

(b) **Pessoal**

A universidade deve indicar o número, as qualificações e a categoria do pessoal académico disponível para o programa. O rácio pessoal/estudante do programa também é tido em consideração na avaliação do novo programa. A composição do pessoal e o rácio pessoal/estudante devem estar em conformidade com as normas do NUC;

(c) **Instalações físicas**

A Universidade deve indicar as instalações disponíveis para o programa proposto. Estas instalações incluem salas de aula, auditórios, gabinetes e laboratórios. A capacidade e a qualidade da biblioteca e do seu acervo também são tidas em consideração, bem como o ambiente construído total da Universidade, uma vez que a acreditação institucional, e não a acreditação do programa, está agora a ser proposta pelo NUC;

(d) **Estudo de mercado**

Espera-se que a Universidade forneça os resultados de um estudo de mercado sobre os potenciais estudantes do programa académico proposto. O objetivo é verificar a possibilidade de atrair estudantes potenciais para o programa proposto. O objetivo é também estabelecer a relevância do programa para os utilizadores finais dos produtos;

(e) **Fontes de financiamento**

Espera-se que a Universidade indique claramente as fontes de financiamento para sustentar o programa proposto, bem como as receitas para sustentar o programa quando estabelecido. Na maioria dos casos, os programas são financiados através de subvenções do Governo para instituições estatais, taxas ou patrocínio de organizações não governamentais. O objetivo é estabelecer fontes de geração de receitas para sustentar o programa;

(f) **Necessidade de mão de obra**

As Normas Académicas Mínimas prescrevem os requisitos mínimos de mão de obra para cada programa académico em

Universidades nigerianas. Um programa proposto terá de indicar a provisão de mão de obra planeada possivelmente para os próximos dez anos. O objetivo é garantir que existem planos para contratar um número suficiente de professores para o programa com a combinação adequada;

(g) **Comissão Nacional das Universidades (NUC) Avaliação da preparação dos recursos**

A Comissão efectua visitas de verificação dos recursos às universidades que pretendem obter aprovação para criar novos programas académicos. O objetivo é confirmar os argumentos apresentados pela universidade. A equipa de recursos discute com os funcionários da universidade o programa proposto. A discussão centra-se geralmente no conteúdo do curso, no pessoal e nas instalações disponíveis para o programa.

Isto é seguido de perto pela inspeção das instalações, incluindo o acervo da biblioteca. O relatório sobre o exercício de verificação é enviado ao Secretário Executivo e ao Comité de Gestão do NUC para apreciação e recomendação adequada ao Conselho do NUC. Após a recusa ou concessão de aprovação pelo Conselho, é enviada uma carta à Universidade comunicando a decisão.

5.0 **O DOCUMENTO DO PLANO DIRECTOR**

Um Plano Diretor Físico institucional é um plano abrangente e bem detalhado, concebido para orientar as futuras actividades de desenvolvimento físico de uma instituição. Um plano diretor físico mostra o desenvolvimento estratégico a curto, médio e longo prazo de uma instituição para 5, 15 e mais de 25 anos, respetivamente. Um plano de ação é um plano a curto prazo com um horizonte temporal de cerca de 5 anos. A partir do Plano Diretor Físico institucional, é elaborado um Plano de Ação tendo em conta o nível de financiamento existente para o desenvolvimento de capital. A implementação de projectos individuais do Plano de Ação é descrita em pormenor, especificando as respectivas responsabilidades da instituição, com a dos seus arquitectos académicos, de planeamento físico e executivos. Em grande medida, as instituições terciárias na Nigéria não têm falta de Planos Directores Físicos bem elaborados. O problema reside geralmente na implementação destes Planos Directores.

6.0 **O PROCESSO DE PLANEAMENTO**

O Plano Diretor é uma atividade multifacetada e aberta com várias partes num processo. O processo de planeamento diz respeito à forma como as várias partes se relacionam entre si. O processo de planeamento do Plano Diretor Físico está em consonância com o processo geral de planeamento da utilização dos solos, tal como indicado abaixo:

- **-I-Fase 1:   -Especificação   dos grandes objectivos.**
- **-I-Fase 2:   -Formulação   de objectivos viáveis.**
- **-I-Fase 3:   -Reunião e análise   de dados .**
- **-I-Fase 4:   Elaboração   de um dossier físico.**
- **-I-Fase 5:   -Geração   de planos estratégicos alternativos.**
- **-I- Fase 6:   -Draft   Master Plan.**
- **-I- Fase 7:   -Implementação .**

6.1 **Processo de implementação do Plano Diretor**

Parece que, no planeamento em geral, muito mais esforço, tempo e dinheiro são investidos na produção de planos no papel do que na realização desses planos na realidade. É a implementação do plano que tem um impacto direto no público. Por isso, é difícil sublinhar demasiado a importância da implementação do Plano Diretor.

O planeamento detalhado e a implementação do Plano Diretor institucional incluem quatro tipos de actividades:

- (a) Organização e coordenação
- (b) Controlo
- (c) Estimulação
- (d) Monitorização e feedback.

6.1.1 Organização **e coordenação**

Depois de uma política ou plano ter obtido a autorização necessária, começa a sua execução, sendo necessário um quadro de organização e coordenação. Técnicas antigas como o PPBS (Planning, Programming and Budgeting Systems) podem ainda ser utilizadas. O seu objetivo é tornar uma organização mais sistemática e, por conseguinte, mais eficiente na realização dos seus objectivos.

Outra técnica antiga é a análise de rede e, em particular, o seu desenvolvimento é conhecido como Análise do Caminho Crítico (CPA). Na implementação de um plano, pode ocorrer a seguinte sequência:

(i) Ter uma ideia aproximada do trabalho envolvido;

(ii) Estou a tentar pensar nisto com mais pormenor;

(iii) Transformá-lo numa sequência de actividades e, eventualmente, num calendário;

(iv) Dividir o trabalho de acordo com as responsabilidades pela sua realização;

(v) Nesta altura, já existe uma lista de tarefas;

(vi) Este pode ser elaborado sob a forma de um gráfico de barras, numa tentativa de mostrar o trabalho de forma mais clara. Recentemente, surgiram muitas variantes desta técnica, sobretudo porque as empresas informáticas oferecem os seus próprios pacotes com nomes diferentes.

6.1.2 **Técnicas** de controlo

Dois dispositivos técnicos utilizados no processo de controlo são o zonamento e as normas de utilização dos solos. A eventual implementação da maioria dos planos de ordenamento do território, das políticas estratégicas e dos planos depende dos controlos baseados no zonamento sobre as utilizações permitidas do solo. Ao considerar os pedidos de desenvolvimento, os planeadores das autoridades locais e os planeadores físicos institucionais dependem em grande medida das normas de planeamento. As normas de planeamento são utilizadas há muito tempo, tanto na preparação de planos, onde funcionam como especificações, ajudando a definir as qualidades aceitáveis das várias utilizações do solo, como no funcionamento do controlo do desenvolvimento, que é a regulação contínua de todas as alterações ao tecido urbano ou do campus, que, em conjunto, determinam o seu carácter futuro.

6.1.**3Estimulação**

O outro lado da moeda da implementação (encorajamento positivo e estímulo da atividade de implementação dos planos directores) está ainda menos bem definido do que o controlo do desenvolvimento. Os processos de análise da situação existente numa área, as suas possíveis características, a apresentação dessa informação e o envolvimento de membros do público e de outras organizações na avaliação das opções podem ser vistos como uma atividade estimulante. No que diz respeito aos Planos Directores institucionais, isto ocorre na fase da Alternativa Estratégica, em que as opções estratégicas para o Plano Diretor Físico são apresentadas ao cliente e a outras partes interessadas para escolherem a opção preferida. Além disso, nesta fase, os estudos de Avaliação de Impacto Ambiental (A.I.A.) devem ser realizados para avaliar o possível impacto *do plano no seu ambiente imediato.*

6.1.4 Monitorização e feed-back

É em conjunto com a implementação de um plano que deve ser efectuado o acompanhamento e o feedback dos resultados para modificar o processo de planeamento. A avaliação é, por conseguinte, uma operação contínua.

7.0 **INSUFICIÊNCIAS COMUNS ASSOCIADAS AOS PLANOS DIRECTORES INSTITUCIONAIS**

As insuficiências comuns aos planos directores físicos das instituições incluem

- -I- Inquéritos de campo inadequados para determinar as oportunidades e os condicionalismos;
- -I - Não cumprimento das normas e do guia de procedimentos estabelecidos para o planeamento diretor das instituições terciárias;
- -I- Falta de atenção aos pormenores do plano;
- -I- Propostas demasiado ambiciosas;
- -I- Estimativa irrealista dos custos e programa de faseamento;
- -I- Utilização ineficaz do solo, que muitas vezes resulta numa dispersão desnecessária da área de atividade para cobrir todo o terreno disponível. Assim, esteriliza-se uma grande parte do terreno durante um longo período;
- -I- Projecções irrealistas do espaço e da população;
- -I- Orçamentos fundiários inadequados;
- -I- Má articulação da estratégia de execução;
- -I- Coordenação dimensional ineficaz;
- -I- Prestar pouca ou nenhuma atenção à paisagem intensiva, não prevendo a criação de uma Unidade de Parques e Jardins bem financiada;
- -I- Localização do núcleo do campus longe do portão de entrada principal, o que leva a um aumento do tempo de viagem desde o portão de entrada principal até à zona do núcleo académico e a um aumento do custo das infra-estruturas;
- -I- Disposições rígidas que não permitem alterações resultantes da mudança de políticas;
- -I- Não inclusão do relatório de avaliação do impacto ambiental no plano diretor físico.

8.0 PROBLEMAS COMUNS À IMPLEMENTAÇÃO DOS PLANOS DIRECTORES FÍSICOS INSTITUCIONAIS

Alguns problemas que são comuns aos Planos Directores das Instituições são os seguintes

-i- Recursos inadequados (financeiros e humanos);

-i- Não apresentação de desenhos "as-built" após a conclusão da construção;

-i- Não revisão dos Planos Directores Físicos nos prazos previstos;

-i- Inadequação dos mecanismos de controlo do desenvolvimento. Este facto favorece o aparecimento de empreendimentos inestéticos e não permitidos;

-i- Existência de estruturas antigas pertencentes aos colonos originais lado a lado com novas construções em terrenos institucionais, porque não foram pagas indemnizações que permitam a demolição dessas estruturas antigas;

-i- Falta de preocupação com o saneamento ambiental da instituição. Os resíduos não são eliminados regularmente, as ervas são deixadas a crescer à volta dos edifícios e não há instalações sanitárias públicas adequadas para os visitantes;

-i- Prestar pouca ou nenhuma atenção a um paisagismo adequado.

9.0 **ESTRATÉGIAS PARA A IMPLEMENTAÇÃO EFECTIVA DO PLANO DIRECTOR FÍSICO INSTITUCIONAL**

Embora um Plano Diretor Físico não seja estático, mas um documento dinâmico, uma vez adotado, devem ser feitos esforços conscientes para evitar a sua distorção. Ao fazê-lo, o Plano Diretor Físico deve, no entanto, ser suficientemente flexível para acomodar modificações racionais, que podem ser necessárias devido a mudanças fundamentais, provocadas por circunstâncias, restrições e perspectivas imprevistas. Por exemplo, a nova política que permite a participação do sector privado no fornecimento de residências para estudantes em instituições terciárias na Nigéria pode exigir uma revisão do Plano Diretor Físico de uma instituição. No entanto, as alterações não devem, em circunstância alguma, afetar as características fundamentais e de desenvolvimento do Plano Diretor Físico. A ênfase aqui, essencialmente, é que as disposições do Plano Diretor Físico devem ser respeitadas; caso contrário, o desenvolvimento físico resultante será uma responsabilidade para as gerações presentes e futuras da comunidade da instituição e do seu proprietário.

Para a implementação efectiva do Plano Diretor, uma instituição deve

-I- Assegurar que as projecções relativas à população, ao espaço e às infra-estruturas constantes do Plano Diretor Físico sejam realistas e que as disposições sejam respeitadas durante a execução;

-I- Manter um Departamento de Planeamento e Desenvolvimento Físico bem dotado de pessoal e assegurar a contratação de profissionais qualificados para acompanhar constantemente a execução do Plano Diretor Físico;

-i- Assegurar que as estimativas de custos realistas e o programa de fases sejam previstos e respeitados;

-i- Tomar as medidas necessárias para o financiamento do

projeto proposto;

-i- Elaborar um plano de ação realista a executar pelo Departamento de Planeamento e Desenvolvimento Físico;

-I- Assegurar a revisão periódica de algumas disposições do Plano Diretor Físico sempre que a política da instituição sofra alterações;

-I- Dar poderes ao Departamento de Planeamento Físico e Desenvolvimento para desempenhar as suas funções de controlo do desenvolvimento sem receios nem favores. Todas as actividades de desenvolvimento físico devem ser aprovadas pelo departamento antes da sua execução;

-i- Criar uma unidade de parques e jardins e de saneamento ambiental, para manter a paisagem macia e dura, bem como o ambiente das instituições sempre limpo;

-I- Assegurar que todos os desenhos "as-built" dos edifícios e infra-estruturas sejam guardados em segurança para serem utilizados sempre que necessário.

10.0 **RECOMENDAÇÕES**

Tendo em conta o que precede e para alcançar uma estratégia eficaz para a implementação do Plano Diretor Físico Institucional, recomenda-se o seguinte

10.1 **Criação de um Comité de Desenvolvimento Estratégico**

A criação de um Comité de Desenvolvimento Estratégico da Universidade, cujos termos de referência deverão incluir

(i) Considerar o Plano Diretor Físico e pôr em marcha os mecanismos para a sua implementação, incluindo as estratégias de faseamento do desenvolvimento e das propriedades que o acompanham;

(ii) Aconselhar a Instituição sobre a mobilização de recursos, a administração financeira, as opções de redução de custos e a garantia de qualidade para uma implementação bem sucedida das disposições do Plano Diretor.

Este comité deverá ter dois subcomités:

-I- O Subcomité de ordenamento do território e

-i- O Subcomité dos Programas Académicos.

As funções do subcomité de ordenamento do território são as seguintes

-I- Tomar conta do Plano Diretor Físico e informar constantemente todas as partes interessadas com vista a obter a sua cooperação na execução do Plano Diretor;

-I- Aconselhar a instituição sobre o faseamento das várias disposições do Plano Diretor Físico e sobre as medidas que a instituição deve tomar para realizar projectos orquestrados e complementares no âmbito do Plano Diretor Físico;

-i- Preparar as instruções de desenvolvimento a dar aos consultores e contratantes e garantir que essas instruções são adequadas e aplicáveis;

-I- Estabelecer a ligação com os respectivos consultores e contratantes e com a instituição, a fim de garantir a proteção dos interesses da instituição em todas as circunstâncias, especialmente no que diz respeito à qualidade das propostas de projectos;

-I- Aconselhar a Universidade sobre as questões relativas à indemnização e à transferência para o local permanente, se for caso disso;

-I- Estabelecer, em colaboração com os serviços competentes da instituição, os regulamentos para a escolha dos materiais e dos esquemas de cores, do arranjo paisagístico geral, a utilizar em todos os edifícios, tendo em vista a harmonia arquitetónica e o custo acessível dos projectos;

-I- Preparar formatos de implementação de projectos de capital (ver NUC Guia de implementação).

O Subcomité dos Programas Académicos deve ser responsável pela revisão do programa académico, da estrutura e dos regulamentos da instituição.

10.2 **Criação do Departamento de Planeamento Físico e Desenvolvimento/Obras**

Imediatamente após a aprovação da criação de uma instituição, um dos departamentos que deve ser criado com urgência é o Departamento de Planeamento e Desenvolvimento Físico, que deve estar ligado ao gabinete do Vice-Reitor ou do Diretor Executivo de uma instituição.

O departamento deve ser dirigido por um arquiteto, construtor, engenheiro, avaliador imobiliário, avaliador de quantidades ou urbanista e planeador regional profissionalmente qualificado. Será o braço profissional da instituição responsável pela monitorização diária da implementação do Plano Diretor e assegurará que as orientações/normas/decisões do Comité de Desenvolvimento do Local, em consonância com o Plano Diretor aprovado pela Universidade, sejam cumpridas. O Departamento é responsável perante o Diretor Executivo da instituição. Os pormenores relativos ao funcionamento do Departamento de Planeamento e Desenvolvimento Físico podem ser consultados no Manual de Gestão Universitária do NUC (Pg. 49 - 57). Para além disso, assegurar que as instalações são mantidas regularmente e reabilitadas conforme necessário.

10.3 Criar um comité de angariação de fundos

O desenvolvimento e a manutenção de uma instituição implicam um fluxo constante de recursos fiscais. A instituição poderia criar um comité de angariação de fundos encarregado de angariar fundos para a implementação do Plano Diretor Físico. O Comité deve trabalhar em consulta com o Departamento de Planeamento e Desenvolvimento Físico e com o Subcomité de Desenvolvimento do Terreno, antecipando as necessidades fiscais da Instituição e programando-as para as satisfazer.

10.4 Informatização

O planeamento, pela sua própria natureza, exige a utilização da tecnologia informática, especialmente nos domínios da análise de dados, cartografia digital, controlo do desenvolvimento, informação de planeamento, modelação, avaliação e monitorização. Para uma informatização eficaz, o Departamento de Planeamento e Desenvolvimento Físico das instituições deve formar o seu pessoal de modo a adquirir conhecimentos de hardware e software para apoiar esse esforço. Por exemplo, a utilização da tecnologia do Sistema de Informação Geográfica (S.I.G.) tem-se revelado extremamente útil para o acompanhamento das actividades de desenvolvimento físico. A tecnologia informática facilitará, sem dúvida, o acompanhamento do processo de implementação do Plano Diretor Físico nas instituições.

10.5 **Guias normalizados da Comissão Nacional de Universidades**

O guia NUC Standard fornece normas para o planeamento de actividades de desenvolvimento físico em instituições terciárias. Este é um bom documento de referência para ser utilizado por todas as instituições terciárias durante a preparação e implementação do Plano Diretor Físico.

10.6 **Revisão do Plano Diretor**

Um Plano Diretor é um documento dinâmico, que deve responder à evolução das circunstâncias, mas que, eventualmente, terá de ser sujeito a uma revisão periódica exaustiva, em conformidade com o período de vida previsto para o Plano Diretor Físico existente.

11.0 **INSUFICIÊNCIAS DO PLANO E DA SUA EXECUÇÃO**

As universidades nigerianas desempenham um papel importante no desenvolvimento dos recursos humanos do país. Ao longo dos anos, tanto as universidades como a Comissão Nacional de Universidades elaboraram planos louváveis para garantir a produção de recursos humanos adequados e de qualidade a partir do sistema para o desenvolvimento do país. Estes planos e a sua execução tiveram as suas falhas, que estão associadas quer às Universidades quer à Comissão. As deficiências incluem:

11.1 **Ausência de um mecanismo interno de avaliação dos planos**

Embora o décimo capítulo do Resumo Académico de uma Universidade trate do modo de autoavaliação proposto pela instituição, a maioria das Universidades dificilmente utiliza estes mecanismos para avaliar e reavaliar a realização dos seus programas. Os indicadores de desempenho raramente foram utilizados na avaliação global do desempenho ou da eficiência das Universidades.

11.2 **Falta de concentração na missão e na visão da universidade**

A maioria das universidades perdeu o contacto com a missão e a visão dos pais fundadores das instituições. Isto deve-se à falta de revisão dos documentos de planeamento que foram utilizados inicialmente na criação das instituições. Por exemplo, as universidades especializadas foram criadas com o objetivo de desenvolver a disciplina e a investigação em áreas específicas de necessidade nacional. A experiência dos últimos tempos tem demonstrado que os gestores destas universidades, por uma razão ou outra, preferem clamar pela criação de programas considerados lucrativos ou populares, em detrimento das disciplinas relevantes para as necessidades de desenvolvimento da nação.

11.3 **Má liderança na universidade**

Muitas vezes, o proprietário nomeou os directores das universidades sem ter em conta as suas capacidades e competências de gestão. Isto conduziu a uma situação em que os objectivos das instituições foram postos de lado. Alguns dirigentes aventuraram-se mesmo a gerir programas que não têm qualquer relação com a missão das suas instituições.

11.4 **Má gestão dos fundos disponíveis**

Intimamente ligado ao problema da má liderança na Universidade está o da má gestão dos recursos. Assim, as instituições incorrem frequentemente em desperdício devido à aquisição de equipamento inutilizável e à deficiente manutenção do equipamento utilizável. Por vezes, os fundos para actividades académicas são canalizados para outras áreas, fazendo com que as unidades académicas sofram de falta de materiais básicos de ensino e investigação. Por exemplo, a monitorização dos fundos da biblioteca revelou que os fundos destinados à biblioteca em certas instituições foram desviados para atender a necessidades em áreas não académicas.

11.5 **Manutenção de um perfil de pessoal inadequado**

Apesar do facto de as universidades terem sido identificadas como tendo um número inadequado de pessoal académico em todas as disciplinas, algumas universidades continuaram a empregar não académicos, especialmente nos quadros administrativos. Estas nomeações, que muitas vezes se baseiam em motivos egoístas, distorcem as disposições do mandato académico sobre os rácios de pessoal e não acrescentam valor à realização dos objectivos institucionais.

11.6 **Preparação inadequada para os programas académicos**

Embora um programa académico deva permitir a flexibilidade decorrente de circunstâncias imprevistas, é importante que os princípios de base subjacentes ao faseamento dos programas académicos não sejam abandonados no decurso de tais ajustamentos. Por exemplo, algumas universidades depararam-se com sérios problemas quando criaram alguns programas de ciências profissionais sem primeiro desenvolverem a capacidade necessária nas ciências puras. É igualmente importante que uma instituição não acelere a criação de programas académicos que não estejam de acordo com as disposições do programa académico, sem ter em devida conta os recursos necessários para manter os novos e os antigos programas a níveis de qualidade aceitáveis. Muitas das antigas universidades estão a gemer sob o jugo de um número incontrolável de programas.

11.7 **Desvio da política de investigação**

A liberdade da Universidade e do próprio académico de escolher livremente as áreas de investigação académica é parte integrante da liberdade académica. A Universidade e o seu pessoal, tendo formulado livremente uma política de investigação e consagrado a mesma no mandato académico, devem esforçar-se por implementar essa política. É dever dos gestores da Universidade dar a conhecer aos académicos a política de investigação institucional como guia para a sua orientação em matéria de investigação. A escolha aleatória de temas de investigação pode resultar numa dissipação improdutiva e descoordenada das energias de investigação na instituição.

11.8 **Sobrepopulação na Universidade**

A sobreinscrição de estudantes em muitas universidades foi identificada como resultado da falta de cumprimento das disposições do programa académico relativas à inscrição de estudantes e ao faseamento da criação de novos programas académicos.

12.0 **DEFICIÊNCIAS POR PARTE DE GOVERNO /PROPRIETÁRIOS**

12.1 **Financiamento**

Ao longo dos anos, tem-se registado um aumento contínuo do montante dos fundos libertados para as universidades. No entanto, esses aumentos têm sido maioritariamente efectuados para financiar aumentos salariais, em detrimento de bens e serviços. A tendência inflacionista da economia exacerbou a capacidade cada vez mais reduzida de aquisição de bens e serviços destas instituições. Os proprietários e as direcções das instituições devem redobrar os seus esforços para financiar as universidades, a fim de reforçar a sua capacidade de execução das disposições dos seus programas académicos.

12.2 **Falta de controlo adequado**

Embora o acompanhamento do sistema universitário seja uma das principais funções da Comissão, não existe, no entanto, um formato normalizado para acompanhar e comunicar a implementação do Dossier Académico. A Comissão poderá ter de incorporar este aspeto no seu programa de controlo.

12.3 **Sanções inadequadas**

Observa-se que, nas situações em que foram identificados desvios deliberados do plano de desenvolvimento das universidades, a falta de vontade política por parte da Comissão e do Governo Federal levou a que não fossem aplicadas as sanções adequadas a essas universidades em falta. Em consequência, as outras universidades tendem a copiar os erros dessas universidades.

12.4 **Elevada rotação do pessoal de gestão da universidade e incoerências políticas**

Por vezes, as declarações políticas emanadas do Governo Federal estão em conflito com as leis e normas que vigoram nas Universidades. A elevada rotatividade dos directores executivos das universidades e a dissolução generalizada e frequente dos conselhos universitários resultam na incoerência da orientação política, pelo que os programas iniciados por uma administração são deixados por concluir pela administração seguinte, o que resulta numa implementação descoordenada dos planos académicos da universidade.

13.0 **CONCLUSÃO**

Do que precede resulta que os documentos de planeamento institucional, por muito bem preparados que sejam, não têm qualquer valor se não forem cuidadosamente implementados. O processo de planeamento é cíclico e estará incompleto se não for implementado. Para facilitar a implementação, os documentos de planeamento institucional devem ser suficientemente flexíveis para se adaptarem a circunstâncias variáveis provocadas por situações imprevistas. É de salientar que, para que a implementação de um Resumo Académico e de um Plano Diretor institucionais seja bem sucedida, devem ser disponibilizados recursos financeiros adequados, para além de se criarem gestores empenhados e experientes para gerir o processo de implementação. As estratégias para alcançar a eficácia na implementação do Resumo Académico e do Plano Diretor incluem o cumprimento rigoroso, mas sensato, das suas disposições e evitar acções que possam levar a uma distorção das disposições destes documentos. A utilização de computadores e de software moderno, como o Sistema de Informação Geográfica (G.I.S.), será extremamente útil na implementação e monitorização dos documentos de planeamento institucional e assegurará a economia de um desenvolvimento imobiliário multifuncional - um Campus Universitário Nigeriano.

Obrigado.

REFERÊNCIA:

Awauh, S. K. (1994) Corporate Planning: The Basics, Management Guidebook: Série No. 8, GIM PA, Achimota.

Chan, S. S (1993) "Changing Roles of Institutional Research in Strategic Management". Investigação no Ensino Superior, Vol.34, No.5

Cope, R. G. (1991) Strategic Planning, Management and DecisionMaking. ANHE-ERIC- Relatório de Investigação sobre o Ensino Superior n.º 9

Departamento de Planeamento Académico (NUC) (1995) Sistema de Avaliação dos pedidos das universidades para a criação de novos programas. Comunicação apresentada na Série de Seminários para Planeadores Académicos do Departamento de Planeamento Académico.

Ernet, H. Green (1981) Building Planning and Development. Macmillan Building and Surveying Series.

Falade, J. B. (2000) Computer, Appreciation and Application in Physical Planning. Um documento apresentado no Programa Obrigatório de Desenvolvimento Profissional Contínuo realizado em Abeokuta, 24th - 29th junho, 2000.

Fuller, B. (1976) A framework for Academic Planning. Journal of Higher Education Vol. XLvii, No.1, janeiro/fevereiro, 1976.

Hall, P. (1992) Urban and Regional Planning. Routledge; pp 1 -11.

Holliday, J. C. (1977) Design for Environment. Chalse Knight and Company Limited.

Keble, L. (1962) Principles and practice of Town and Country Planning. London Estate Gazette.

Lelong, D. e Shireley, R. (1984) Planning: Identifying the Focal Point for Action. Planning for Higher Education, Vol 12, novembro 4, verão de 1984.

Lockwood, G. (1972) Planning in a University. *Ensino Superior:* Um Revista Internacional de Ensino Superior e Planeamento Educativo **1** (4).

Comissão Nacional de Universidades (1978) Guia de Implementação. Um Documento de política da NUC sobre os procedimentos a adotar no sistema universitário nigeriano em matéria de gestão de projectos.

National Universities Commission (1996) Guidelines on establishment of Academic Programmes.

Comissão Nacional das Universidades (1997) Manual on University Management.

Comissão Nacional das Universidades (2001) Guia de procedimentos: Planeamento.
Um documento de política do NUC sobre os passos que devem ser dados na fase de Planeamento Diretor que também fornece as normas para o desenvolvimento físico do Campus Universitário na Nigéria.

Onibokun, A. G. (2002) Plano Diretor da Universidade Redentora para as Nações.

Preparado pelo Centre for African Settlement Studies on Development (CASSAD).

Roberts, M. (1999) An Introduction to Town Planning Techniques.
University College London Press Limited; pp 31 - 40.

A **Universidade da Zâmbia** abriu as suas portas aos estudantes em 1965. O campus principal está situado a
cerca de 9 km do centro de Lusaca e é utilizado para fins académicos e residenciais.
O parque foi agradavelmente concebido, com relvados e jardins, e instalações desportivas.

A Academia Real de Turku foi fundada em 1640 na cidade de Turku, no sul da Finlândia. Um incêndio
destruiu os edifícios originais da universidade em 1827 e a instituição foi transferida para Helsínquia
, passando a chamar-se **Universidade de Helsínquia**. Na foto, o edifício principal da biblioteca, construído
entre 1828 e 1832.

O estilo plateresco, em que a ornamentação intrincada e ricamente elaborada cobre os edifícios em relevo, abrangeu os períodos do gótico tardio e do início do Renascimento. A fachada da **Universidade de Salamanca** é um dos melhores exemplos da última manifestação do estilo.

A **Universidade de Sydney** é uma instituição co-educacional de ensino superior em Sydney, Austrália. Fundada em 1850, é a universidade mais antiga da Austrália, bem como a maior. Os edifícios
aqui vistos foram projectados por Edmund Blacket, que ganhou um concurso para o projeto em 1860. Esta vista mostra o Great Hall, *à direita,* inspirado no Westminster Hall, em Londres.

A distinta torre do relógio do Edifício das Artes Antigas é um famoso marco da **Universidade de Auckland**, na Nova Zelândia. Fundada em 1882, a Universidade de Auckland ocupa 23 hectares (57 acres) de terreno perto do centro da cidade.

A Universidade da Malásia, situada perto de Kuala Lumpur, é a maior **universidade da Malásia**. Fundada em 1962, tem instituições constituintes que remontam a 1905. A Universidade da Malásia tem cerca de 20.000 estudantes.

Uma estátua dourada ergue-se no topo de um pedestal em frente à **Universidade de Viena**. Uma das
mais antigas universidades da Europa, a Universidade de Viena foi fundada em 1365 por Rudolf IV
de Habsburgo. A universidade está situada no coração de Viena - a Innere Stadt (Cidade Interior)
foi outrora rodeada por muralhas defensivas. Estas muralhas foram destruídas em 1857 e, atualmente, uma
ampla avenida, a Ringstrasse, ocupa o seu lugar. A avenida é ladeada por
edifícios
imponentes
(incluindo a Universidade), monumentos e parques.

O estado de Nova Iorque fundou **a Universidade de Cornell** em 1865, em Ithaca. Com o nome de Ezra
Cornell, o filantropo americano que doou a dotação original, a universidade
oferece um currículo que está classificado entre os melhores do país. O seu belo campus
inclui extensos relvados e edifícios do virar do século

Funcionários nigerianos estudam os planos para a cidade de Abuja, a nova capital da Nigéria. As agências governamentais
começaram a mudar-se para a cidade na década de 1980 e esta tornou-se a capital oficial do país em 1991.

Com o seu próprio reservatório, barragem, central eléctrica e centro comercial, o campus da **Universidade Ahmadu Bello**
(ABU) na Nigéria é uma "cidade dentro de uma cidade".

Faculdade de Ciências/ Rotunda, **Universidade Obafemi Awolowo** (OAU) Ile Ife, Nigéria.

Awolowo Hall, **Obafemi Awolowo University** Ile Ife, Nigéria.

Ciências Biológicas, **Obafemi Awolowo University** Ile Ife, Nigéria.

Universidade de Tecnologia de Bells (Bellstech) Nigéria em imagens

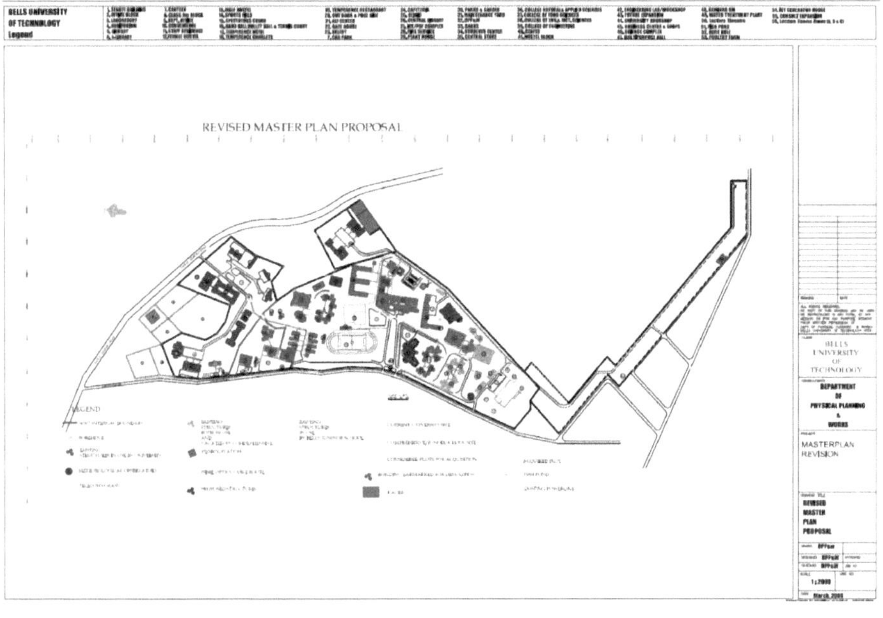

REVISED MASTER PLAN PROPOSAL

Conteúdo

46

Printed by Books on Demand GmbH, Norderstedt / Germany